Bismillah

DECODE THE JOINED ARABIC LETTERS EASILY

Aicha Sidika Fofana
&
Haoua Fofana

DJARABI KITABS PUBLISHING

Dallas, Texas

Copyright
DECODE THE JOINED ARABIC LETTERS EASILY
© 2024-1445 AH Aicha Sidika Fofana & Haoua Fofana

No part of this book may be reproduced in any written, electronic, recording, or photocopying without written permission of the publisher or author. The exception would be in the case of brief quotations embodied in the critical articles or reviews and pages where permission is specifically granted by the publisher or author.

For information contact:
DJARABI KITABS PUBLISHING

PO BOX 703733

DALLAS, TX 75370

www.djarabikitabs.com

Illustrations by Sadik Sajid and Rahma Ashraf

ISBN-13: 978-1-947148-71-0

First Print Edition: September 2024
10 9 8 7 6 5 4 3 2 1

DECODE THE JOINED ARABIC LETTERS EASILY

FOREWORD

Decoding the Arabic texts is a challenge. So, based on the needs of our students we decided to compile this workbook to make it easier for our students to recognize the Arabic letters when they morph. We pray that in this consolidated manner, Allah ﷻ facilitates for them, *aameen*.

May Allah ﷻ accepts from us. *Thumma aameen!*

Cordially,
Aicha Sidika Fofana & Haoua Fofana

مخارج الحروف

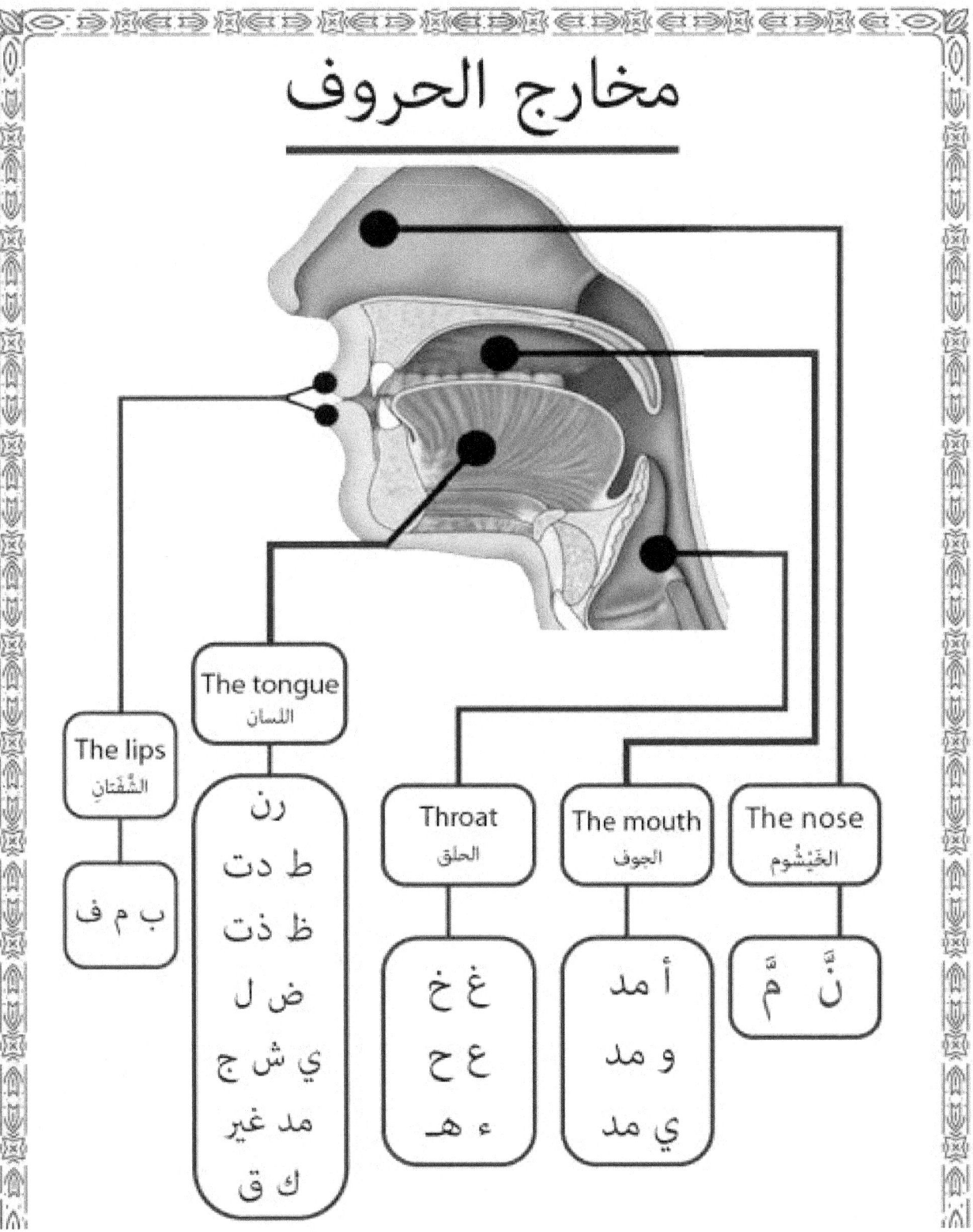

أ ب ت ث ج

ح خ د ذ ر

ز س ش ص ض

ط ظ ع غ ف

ق ك ل م ن

ه و ي

The letters would read:
TSHKIL With vocalization
it reads TaSHKILun

تَشْكِيلٌ

~
madda (Alif hamza long)

ٌ
un

ٍ
in
tanwin

ً
an

ّ
tashdid or shadda (doubles the consonant

ْ
sukun

ُ
Damma

ِ
casra

َ
fatha

أ إ ء
hamza

TRACE THE Tanwin fathatain

أً أً أً أً أً أً أً

أً أً أً أً أً أً أً

أً أً أً أً أً أً أً

بً بً بً بً بً بً بً

بً بً بً بً باً باً باً

باً باً باً باً باً باً باً

تً تً تً تً تً تً تً

تً تً تً تً تاً تاً تاً

تاً تاً تاً تاً تاً تاً تاً

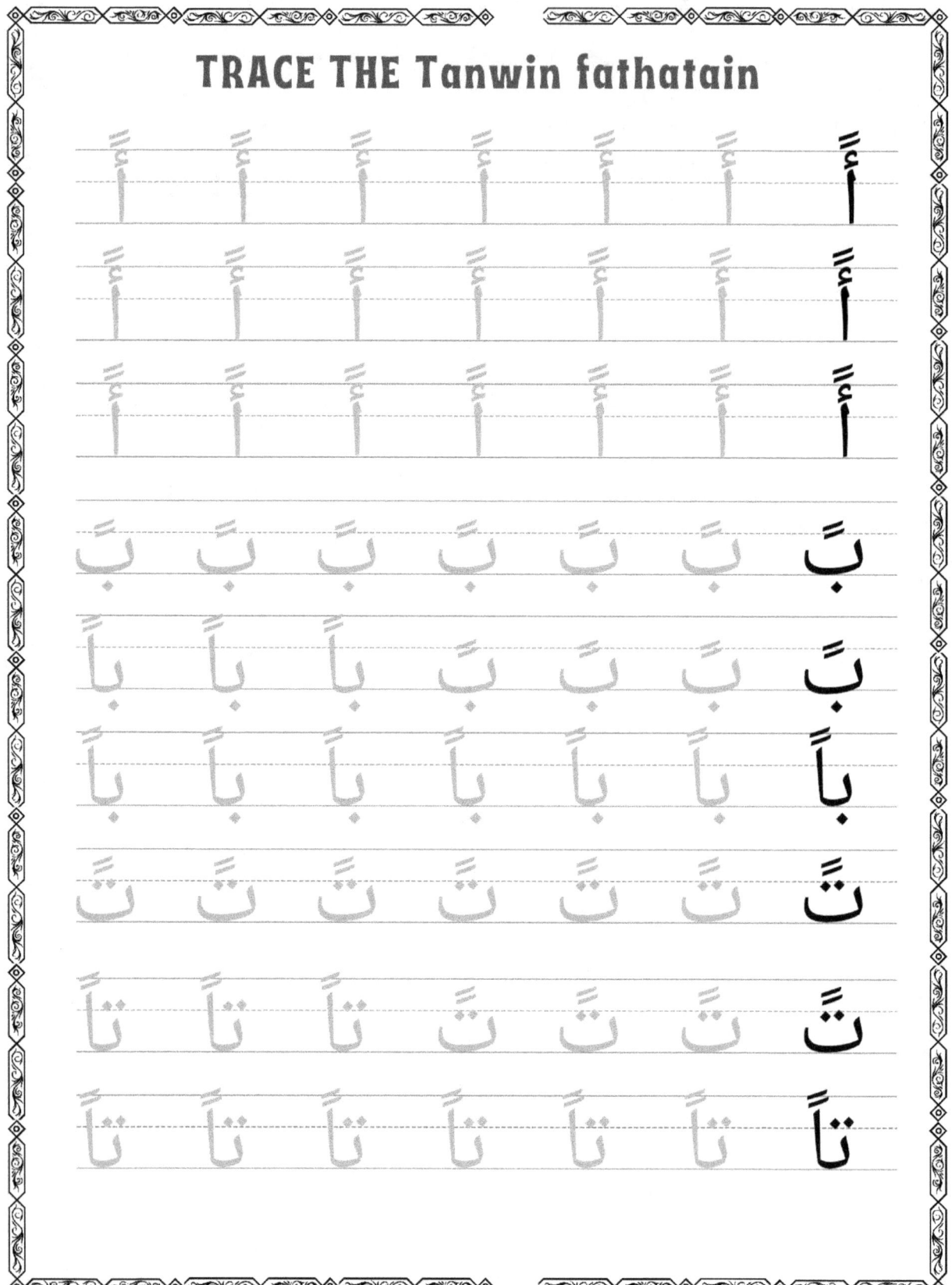

TRACE THE Tanwin fathatain

ثً ثً ثً ثً ثً ثً ثً

ثً ثً ثً ثً ثاً ثاً ثاً

ثاً ثاً ثاً ثاً ثاً ثاً ثاً

جً جً جً جً جً جً جً

جً جً جً جً جاً جاً جاً

جاً جاً جاً جاً جاً جاً جاً

خً خً خً خً خً خً خً

حً حً حً حً حاً حاً حاً

حاً حاً حاً حاً حاً حاً حاً

TRACE THE Tanwin fathatain

خً خً خً خً خً خً خً

خً خً خً خً خاً خاً خاً

خاً خاً خاً خاً خاً خاً خاً

دً دً دً دً دً دً دً

دً دً دً دً داً داً داً

داً داً داً داً داً داً داً

ذً ذً ذً ذً ذً ذً ذً

ذً ذً ذً ذً ذاً ذاً ذاً

ذاً ذاً ذاً ذاً ذاً ذاً ذاً

TRACE THE Tanwin fathatain

رً رً رً رً رً رً رً

رً رً رً رً راً راً راً

راً راً راً راً راً راً راً

زً زً زً زً زً زً زً

زً زً زً زً زاً زاً زاً

زاً زاً زاً زاً زاً زاً زاً

سً سً سً سً سً سً سً سً

سً سً سً سً ساً ساً ساً

ساً ساً ساً ساً ساً ساً ساً ساً

TRACE THE Tanwin fathatain

شً شً شً شً شً شً شً

شً شً شً شً شاً شاً شاً

شاً شاً شاً شاً شاً شاً شاً

صً صً صً صً صً صً صً

صً صً صً صً صاً صاً صاً

صاً صاً صاً صاً صاً صاً صاً

ضً ضً ضً ضً ضً ضً ضً

ضً ضً ضً ضً ضاً ضاً ضاً

ضاً ضاً ضاً ضاً ضاً ضاً ضاً

TRACE THE Tanwin fathatain

طً طً طً طً طً طً طً

طً طً طً طً طاً طاً طاً

طاً طاً طاً طاً طاً طاً طاً

ظً ظً ظً ظً ظً ظً ظً

ظً ظً ظً ظً ظاً ظاً ظاً

ظاً ظاً ظاً ظاً ظاً ظاً ظاً

عً عً عً عً عً عً عً

عً عً عً عً عاً عاً عاً

عاً عاً عاً عاً عاً عاً عاً

TRACE THE Tanwin fathatain

غً غً غً غً غً غً غً

غً غً غً غً غاً غاً غاً

غاً غاً غاً غاً غاً غاً غاً

فً فً فً فً فً فً فً

فً فً فً فً فاً فاً فاً

فاً فاً فاً فاً فاً فاً فاً

قً قً قً قً قً قً قً

قً قً قً قً قاً قاً قاً

قاً قاً قاً قاً قاً قاً قاً

TRACE THE Tanwin fathatain

كً كً كً كً كً كً كً

كً كً كً كً كاً كاً كاً

كاً كاً كاً كاً كاً كاً كاً

لً لً لً لً لً لً لً

لً لً لً لً لاً لاً لاً

لاً لاً لاً لاً لاً لاً لاً

مً مً مً مً مً مً مً

مً مً مً مً ماً ماً ماً

ماً ماً ماً ماً ماً ماً ماً

TRACE THE Tanwin fathatain

نً نً نً نً نً نً نً

نً نً نً نً ناً ناً ناً

ناً ناً ناً ناً ناً ناً ناً

هً هً هً هً هً هً هً

هً هً هً هً هاً هاً هاً

هاً هاً هاً هاً هاً هاً هاً

وً وً وً وً وً وً وً

وً وً وً وً واً واً واً

واً واً واً واً واً واً واً

TRACE THE Tanwin fathatain

يً يً يً يً يً يً يً

يً يً يً يً يا يا يا

ياً ياً ياً ياً ياً ياً ياً

أً بً تً ثً جً حً خً

دً ذً رً زً سً شً صً

ضً طً ظً عً غً فً قً

كً لً مً نً هً وً يً

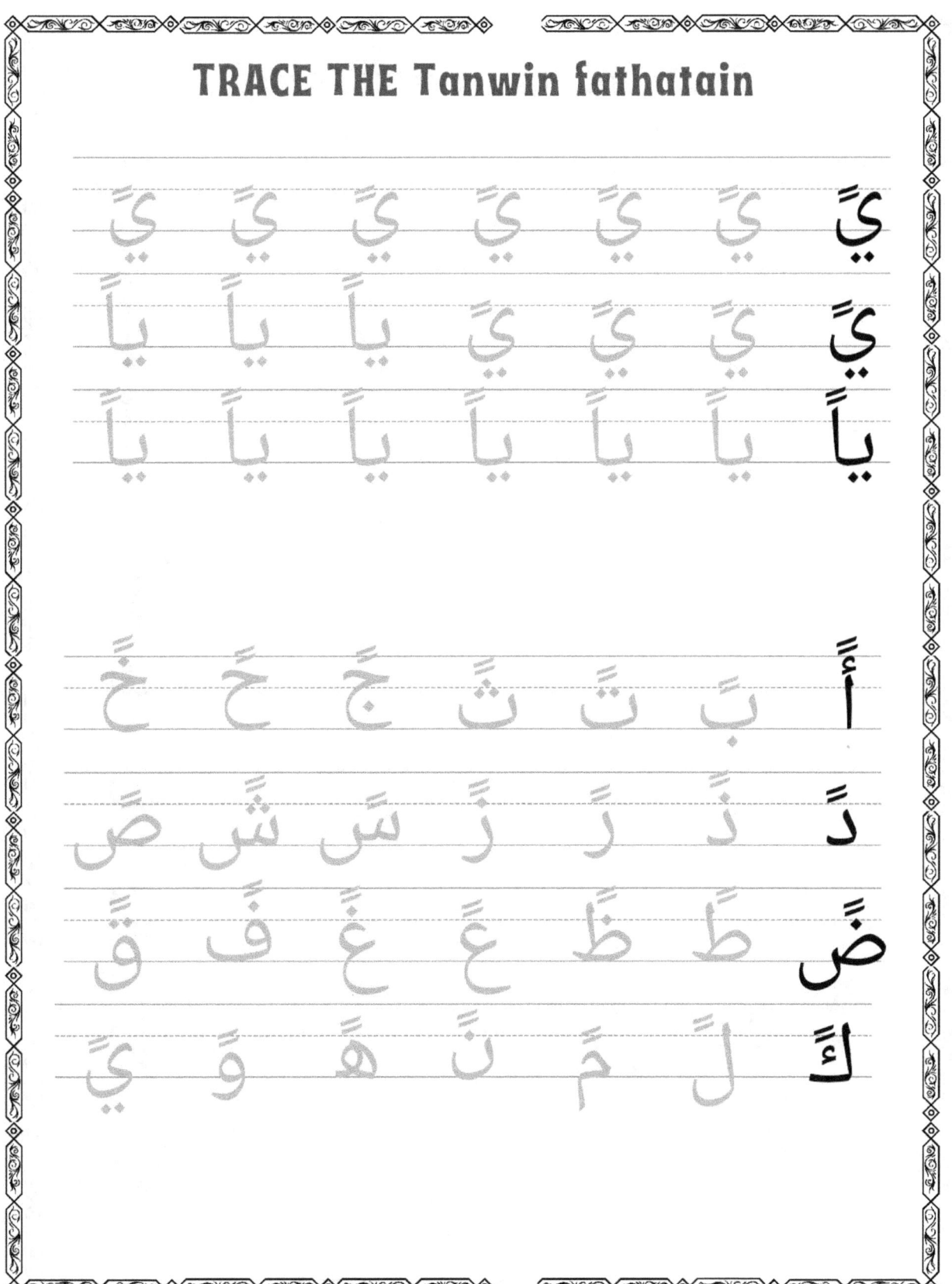

TRACE THE Tanwin kasratain

أٍ أٍ أٍ أٍ أٍ أٍ أٍ

أٍ أٍ أٍ أٍ أٍ أٍ أٍ

أٍ أٍ أٍ أٍ أٍ أٍ أٍ

بٍ بٍ بٍ بٍ بٍ بٍ بٍ

بٍ بٍ بٍ بٍ بٍ بٍ بٍ

بٍ بٍ بٍ بٍ بٍ بٍ بٍ

تٍ تٍ تٍ تٍ تٍ تٍ تٍ

تٍ تٍ تٍ تٍ تٍ تٍ تٍ

تٍ تٍ تٍ تٍ تٍ تٍ تٍ

TRACE THE Tanwin kasratain

ثٍ ثٍ ثٍ ثٍ ثٍ ثٍ ثٍ

ثٍ ثٍ ثٍ ثٍ ثٍ ثٍ ثٍ

ثٍ ثٍ ثٍ ثٍ ثٍ ثٍ ثٍ

جٍ جٍ جٍ جٍ جٍ جٍ جٍ

جٍ جٍ جٍ جٍ جٍ جٍ جٍ

جٍ جٍ جٍ جٍ جٍ جٍ جٍ

حٍ حٍ حٍ حٍ حٍ حٍ حٍ

حٍ حٍ حٍ حٍ حٍ حٍ حٍ

حٍ حٍ حٍ حٍ حٍ حٍ حٍ

TRACE THE Tanwin kasratain

خٍ خٍ خٍ خٍ خٍ خٍ خٍ

خٍ خٍ خٍ خٍ خٍ خٍ خٍ

خٍ خٍ خٍ خٍ خٍ خٍ خٍ

دٍ دٍ دٍ دٍ دٍ دٍ دٍ

دٍ دٍ دٍ دٍ دٍ دٍ دٍ

دٍ دٍ دٍ دٍ دٍ دٍ دٍ

ذٍ ذٍ ذٍ ذٍ ذٍ ذٍ ذٍ

ذٍ ذٍ ذٍ ذٍ ذٍ ذٍ ذٍ

ذٍ ذٍ ذٍ ذٍ ذٍ ذٍ ذٍ

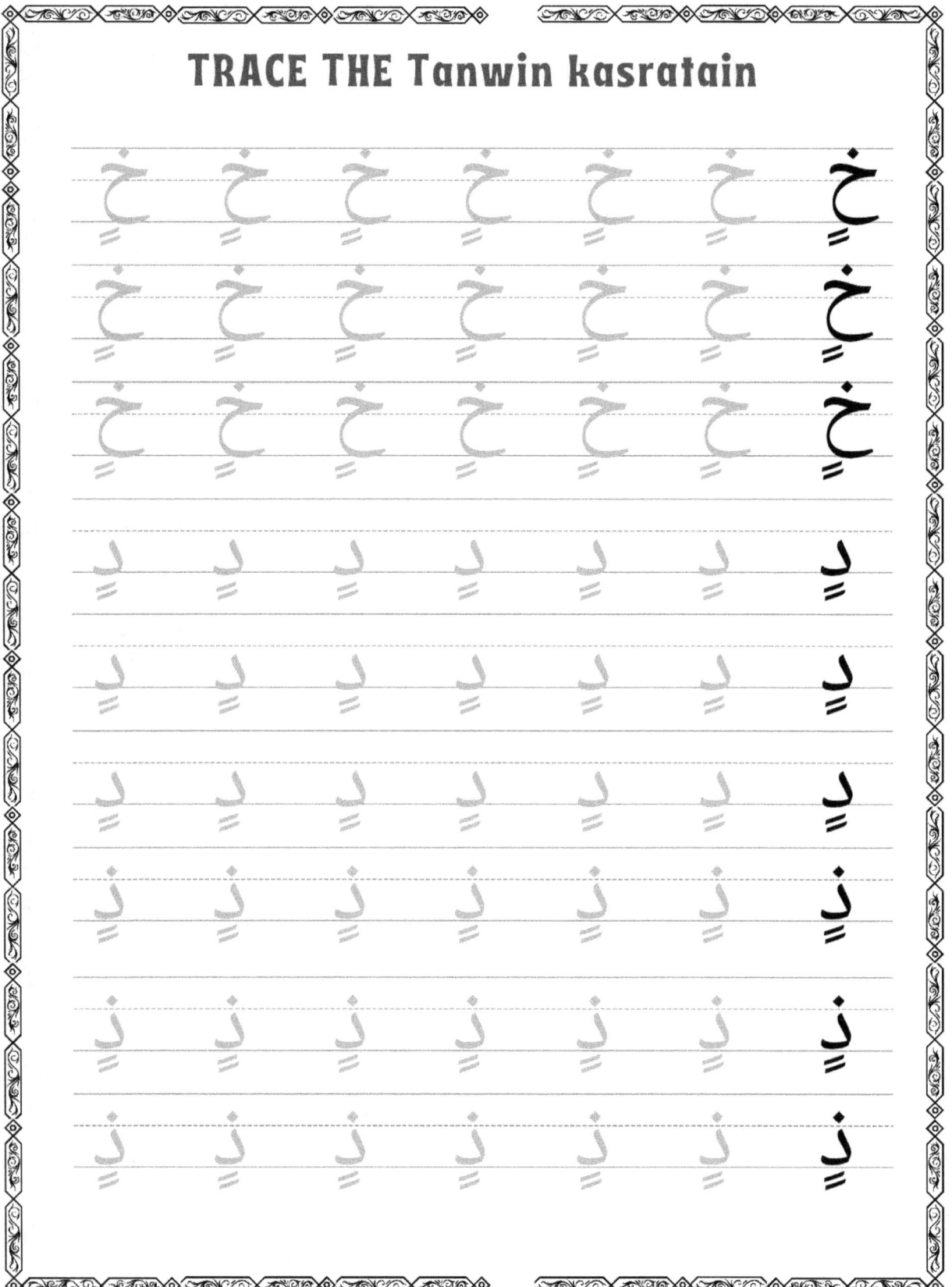

TRACE THE Tanwin kasratain

رٍ رٍ رٍ رٍ رٍ رٍ رٍ

رٍ رٍ رٍ رٍ رٍ رٍ رٍ

رٍ رٍ رٍ رٍ رٍ رٍ رٍ

زٍ زٍ زٍ زٍ زٍ زٍ زٍ

زٍ زٍ زٍ زٍ زٍ زٍ زٍ

زٍ زٍ زٍ زٍ زٍ زٍ زٍ

سٍ سٍ سٍ سٍ سٍ سٍ سٍ

سٍ سٍ سٍ سٍ سٍ سٍ سٍ

سٍ سٍ سٍ سٍ سٍ سٍ سٍ

TRACE THE Tanwin kasratain

شٍ شٍ شٍ شٍ شٍ شٍ شٍ

شٍ شٍ شٍ شٍ شٍ شٍ شٍ

شٍ شٍ شٍ شٍ شٍ شٍ شٍ

صٍ صٍ صٍ صٍ صٍ صٍ صٍ

صٍ صٍ صٍ صٍ صٍ صٍ صٍ

صٍ صٍ صٍ صٍ صٍ صٍ صٍ

ضٍ ضٍ ضٍ ضٍ ضٍ ضٍ ضٍ

ضٍ ضٍ ضٍ ضٍ ضٍ ضٍ ضٍ

ضٍ ضٍ ضٍ ضٍ ضٍ ضٍ ضٍ

TRACE THE Tanwin kasratain

 طٍ طٍ طٍ طٍ طٍ طٍ طٍ

طٍ طٍ طٍ طٍ طٍ طٍ طٍ

طٍ طٍ طٍ طٍ طٍ طٍ طٍ

ظٍ ظٍ ظٍ ظٍ ظٍ ظٍ ظٍ

ظٍ ظٍ ظٍ ظٍ ظٍ ظٍ ظٍ

ظٍ ظٍ ظٍ ظٍ ظٍ ظٍ ظٍ

عٍ عٍ عٍ عٍ عٍ عٍ عٍ

عٍ عٍ عٍ عٍ عٍ عٍ عٍ

عٍ عٍ عٍ عٍ عٍ عٍ عٍ

TRACE THE Tanwin kasratain

غٍ غٍ غٍ غٍ غٍ غٍ غٍ

غٍ غٍ غٍ غٍ غٍ غٍ غٍ

غٍ غٍ غٍ غٍ غٍ غٍ غٍ

فٍ فٍ فٍ فٍ فٍ فٍ فٍ

فٍ فٍ فٍ فٍ فٍ فٍ فٍ

فٍ فٍ فٍ فٍ فٍ فٍ فٍ

قٍ قٍ قٍ قٍ قٍ قٍ قٍ

قٍ قٍ قٍ قٍ قٍ قٍ قٍ

قٍ قٍ قٍ قٍ قٍ قٍ قٍ

TRACE THE Tanwin kasratain

كٍ كٍ كٍ كٍ كٍ كٍ كٍ

كٍ كٍ كٍ كٍ كٍ كٍ كٍ

كٍ كٍ كٍ كٍ كٍ كٍ كٍ

لٍ لٍ لٍ لٍ لٍ لٍ لٍ

لٍ لٍ لٍ لٍ لٍ لٍ لٍ

لٍ لٍ لٍ لٍ لٍ لٍ لٍ

مٍ مٍ مٍ مٍ مٍ مٍ مٍ

مٍ مٍ مٍ مٍ مٍ مٍ مٍ

مٍ مٍ مٍ مٍ مٍ مٍ مٍ

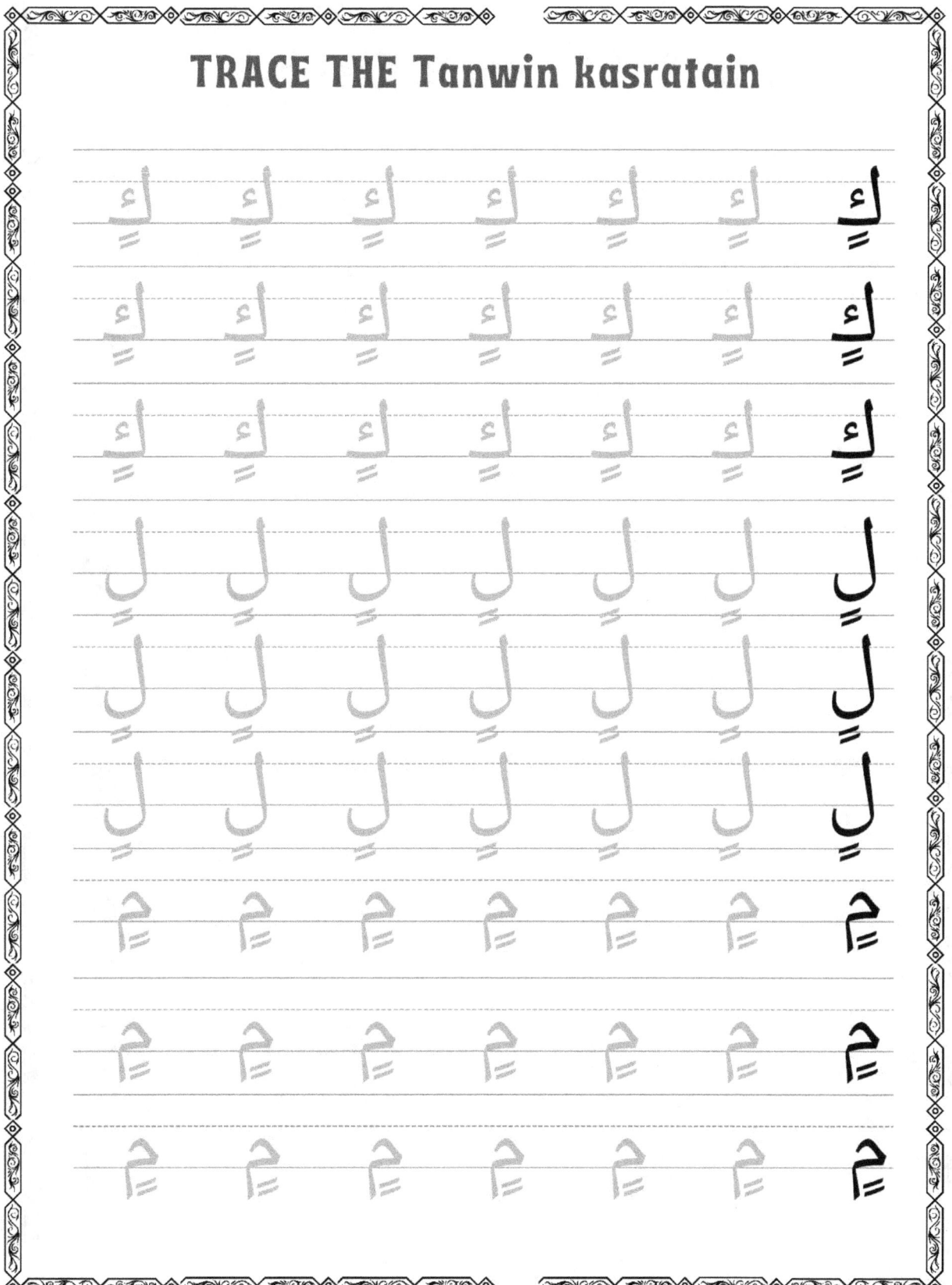

TRACE THE Tanwin kasratain

نٍ نٍ نٍ نٍ نٍ نٍ نٍ

نٍ نٍ نٍ نٍ نٍ نٍ نٍ

نٍ نٍ نٍ نٍ نٍ نٍ نٍ

هٍ هٍ هٍ هٍ هٍ هٍ هٍ

هٍ هٍ هٍ هٍ هٍ هٍ هٍ

هٍ هٍ هٍ هٍ هٍ هٍ هٍ

وٍ وٍ وٍ وٍ وٍ وٍ وٍ

وٍ وٍ وٍ وٍ وٍ وٍ وٍ

وٍ وٍ وٍ وٍ وٍ وٍ وٍ

TRACE THE Tanwin kasratain

يٍ يٍ يٍ يٍ يٍ يٍ يٍ

يٍ يٍ يٍ يٍ يٍ يٍ يٍ

يٍ يٍ يٍ يٍ يٍ يٍ يٍ

أٍ بٍ تٍ ثٍ جٍ حٍ خٍ

دٍ ذٍ رٍ زٍ سٍ شٍ صٍ

ضٍ طٍ ظٍ عٍ غٍ فٍ قٍ

كٍ لٍ مٍ نٍ هٍ وٍ يٍ

TRACE THE Tanwin dammatain

أٌ أٌ أٌ أٌ أٌ أٌ أٌ

أٌ أٌ أٌ أٌ أٌ أٌ أٌ

أٌ أٌ أٌ أٌ أٌ أٌ أٌ

بٌ بٌ بٌ بٌ بٌ بٌ بٌ

بٌ بٌ بٌ بٌ بٌ بٌ بٌ

بٌ بٌ بٌ بٌ بٌ بٌ بٌ

تٌ تٌ تٌ تٌ تٌ تٌ تٌ

تٌ تٌ تٌ تٌ تٌ تٌ تٌ

تٌ تٌ تٌ تٌ تٌ تٌ تٌ

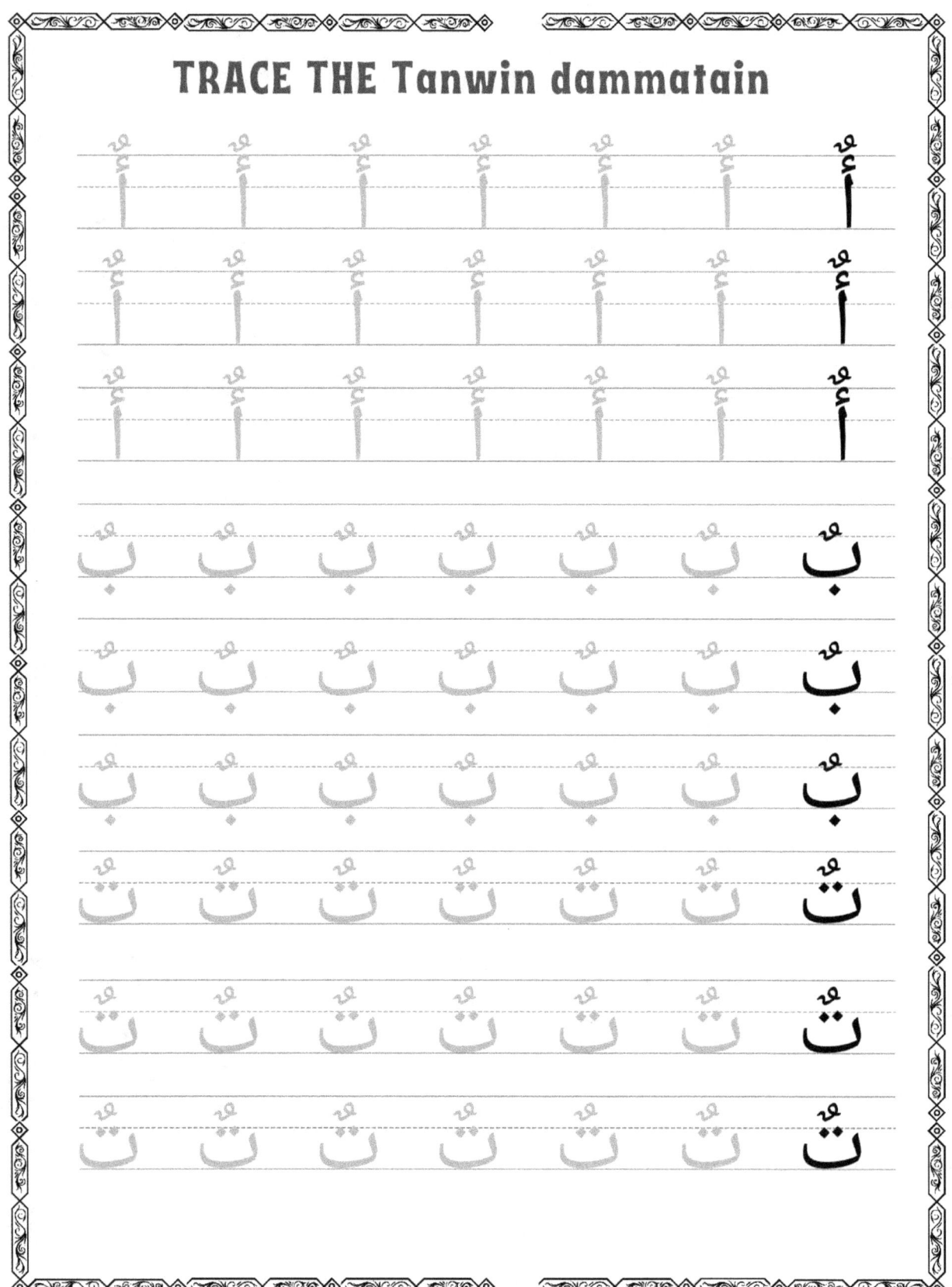

TRACE THE Tanwin dammatain

ثٌ ثٌ ثٌ ثٌ ثٌ ثٌ ثٌ

ثٌ ثٌ ثٌ ثٌ ثٌ ثٌ ثٌ

ثٌ ثٌ ثٌ ثٌ ثٌ ثٌ ثٌ

جٌ جٌ جٌ جٌ جٌ جٌ جٌ

جٌ جٌ جٌ جٌ جٌ جٌ جٌ

جٌ جٌ جٌ جٌ جٌ جٌ جٌ

حٌ حٌ حٌ حٌ حٌ حٌ حٌ

حٌ حٌ حٌ حٌ حٌ حٌ حٌ

حٌ حٌ حٌ حٌ حٌ حٌ حٌ

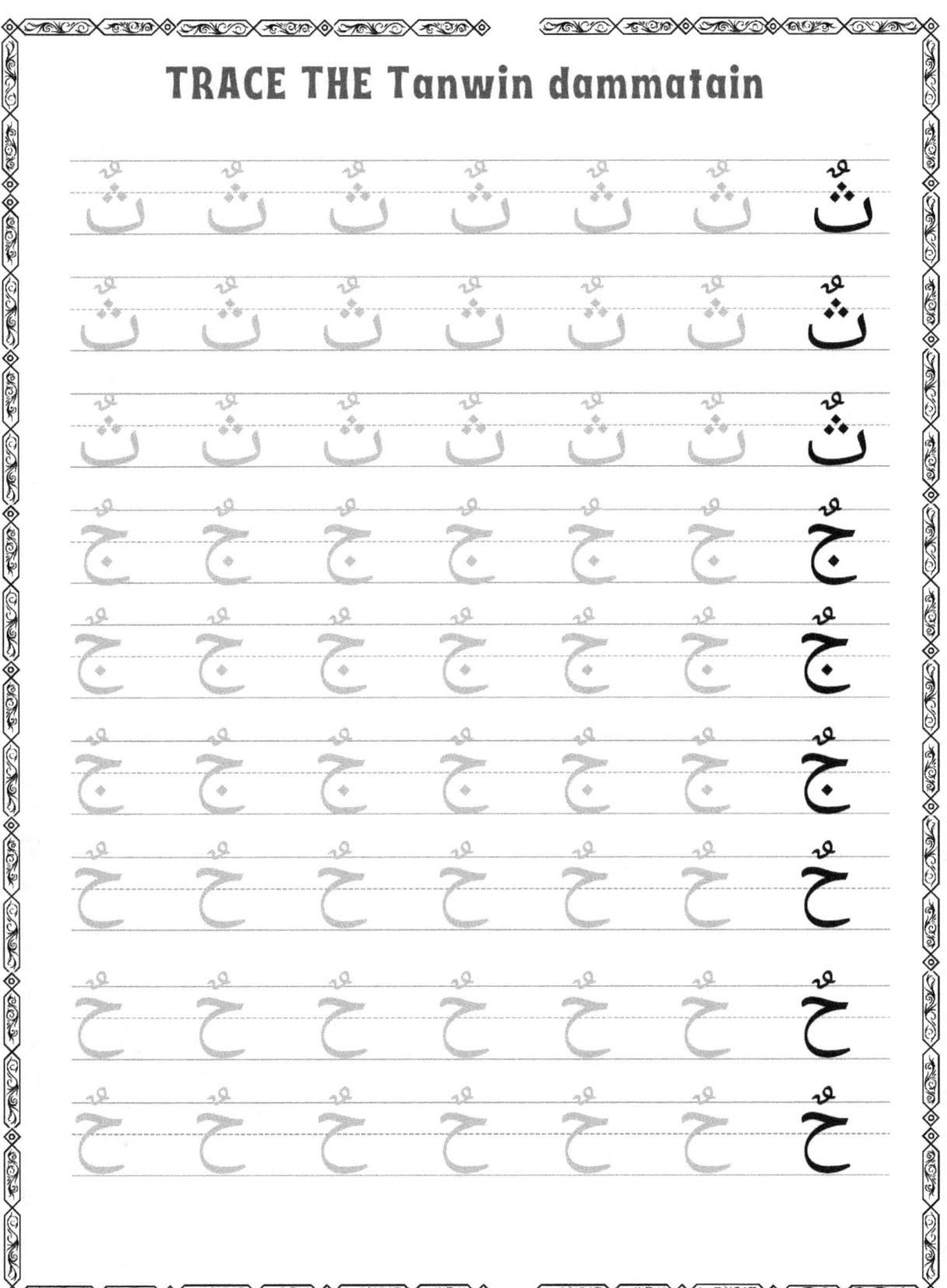

TRACE THE Tanwin dammatain

خٌ خٌ خٌ خٌ خٌ خٌ خٌ

خٌ خٌ خٌ خٌ خٌ خٌ خٌ

خٌ خٌ خٌ خٌ خٌ خٌ خٌ

دٌ دٌ دٌ دٌ دٌ دٌ دٌ

دٌ دٌ دٌ دٌ دٌ دٌ دٌ

دٌ دٌ دٌ دٌ دٌ دٌ دٌ

ذٌ ذٌ ذٌ ذٌ ذٌ ذٌ ذٌ

ذٌ ذٌ ذٌ ذٌ ذٌ ذٌ ذٌ

ذٌ ذٌ ذٌ ذٌ ذٌ ذٌ ذٌ

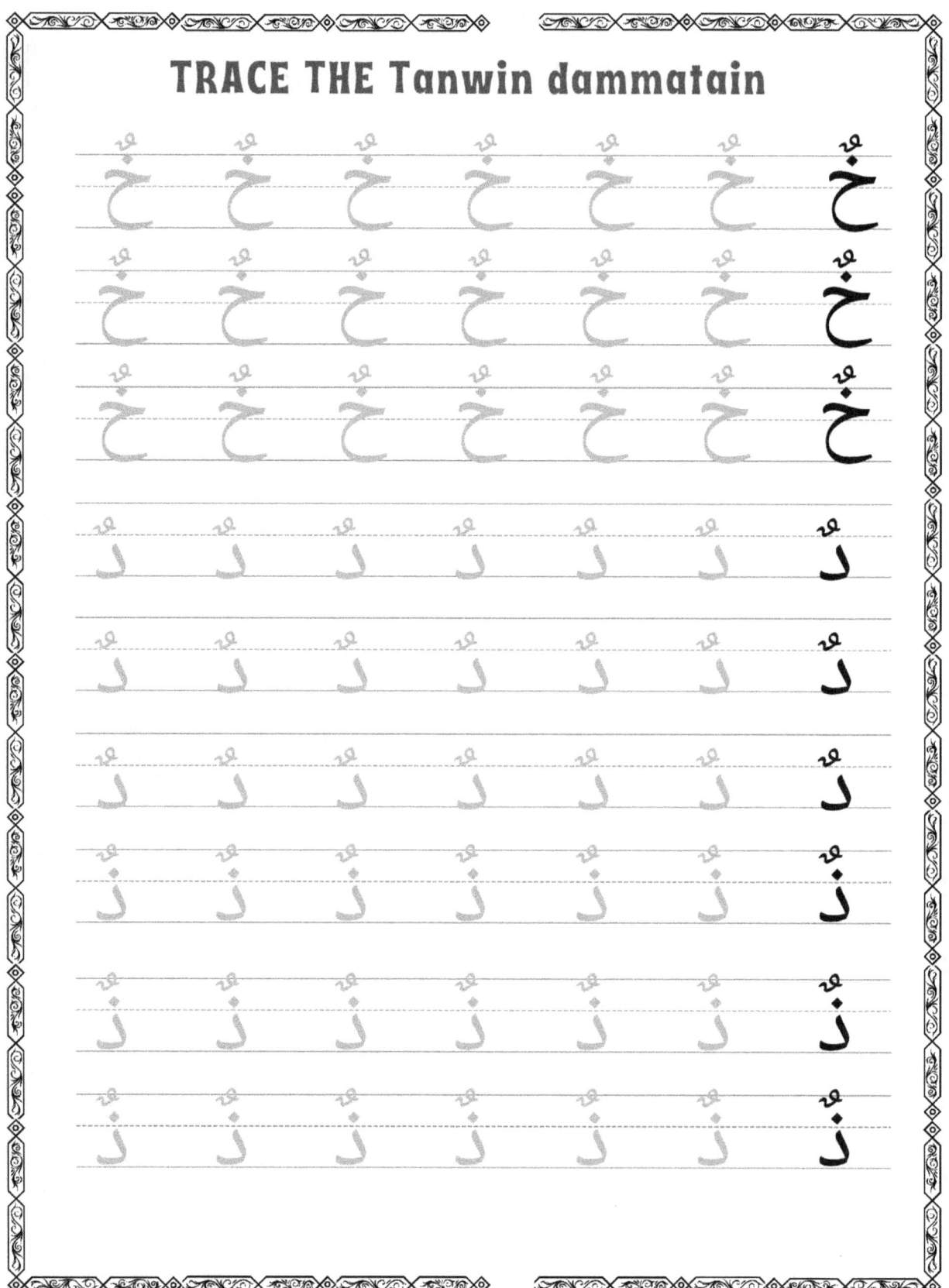

TRACE THE Tanwin dammatain

رٌ رٌ رٌ رٌ رٌ رٌ رٌ

رٌ رٌ رٌ رٌ رٌ رٌ رٌ

رٌ رٌ رٌ رٌ رٌ رٌ رٌ

زٌ زٌ زٌ زٌ زٌ زٌ زٌ

زٌ زٌ زٌ زٌ زٌ زٌ زٌ

زٌ زٌ زٌ زٌ زٌ زٌ زٌ

سٌ سٌ سٌ سٌ سٌ سٌ سٌ

سٌ سٌ سٌ سٌ سٌ سٌ سٌ

سٌ سٌ سٌ سٌ سٌ سٌ سٌ

TRACE THE Tanwin dammatain

شٌ شٌ شٌ شٌ شٌ شٌ شٌ

شٌ شٌ شٌ شٌ شٌ شٌ شٌ

شٌ شٌ شٌ شٌ شٌ شٌ شٌ

صٌ صٌ صٌ صٌ صٌ صٌ صٌ

صٌ صٌ صٌ صٌ صٌ صٌ صٌ

صٌ صٌ صٌ صٌ صٌ صٌ صٌ

ضٌ ضٌ ضٌ ضٌ ضٌ ضٌ ضٌ

ضٌ ضٌ ضٌ ضٌ ضٌ ضٌ ضٌ

ضٌ ضٌ ضٌ ضٌ ضٌ ضٌ ضٌ

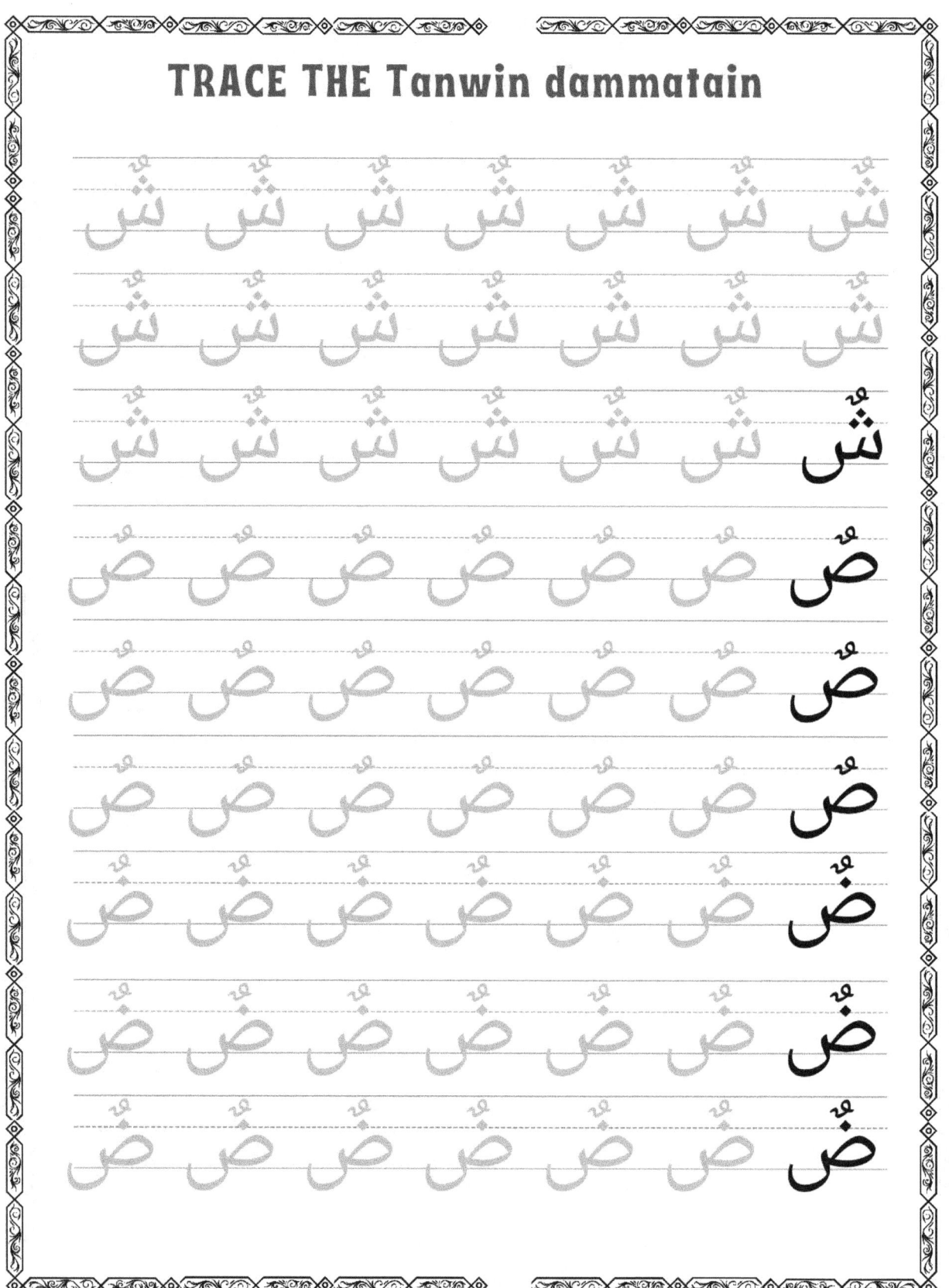

TRACE THE Tanwin dammatain

طٌ طٌ طٌ طٌ طٌ طٌ طٌ

طٌ طٌ طٌ طٌ طٌ طٌ طٌ

طٌ طٌ طٌ طٌ طٌ طٌ طٌ

ظٌ ظٌ ظٌ ظٌ ظٌ ظٌ ظٌ

ظٌ ظٌ ظٌ ظٌ ظٌ ظٌ ظٌ

ظٌ ظٌ ظٌ ظٌ ظٌ ظٌ ظٌ

عٌ عٌ عٌ عٌ عٌ عٌ عٌ

عٌ عٌ عٌ عٌ عٌ عٌ عٌ

عٌ عٌ عٌ عٌ عٌ عٌ عٌ

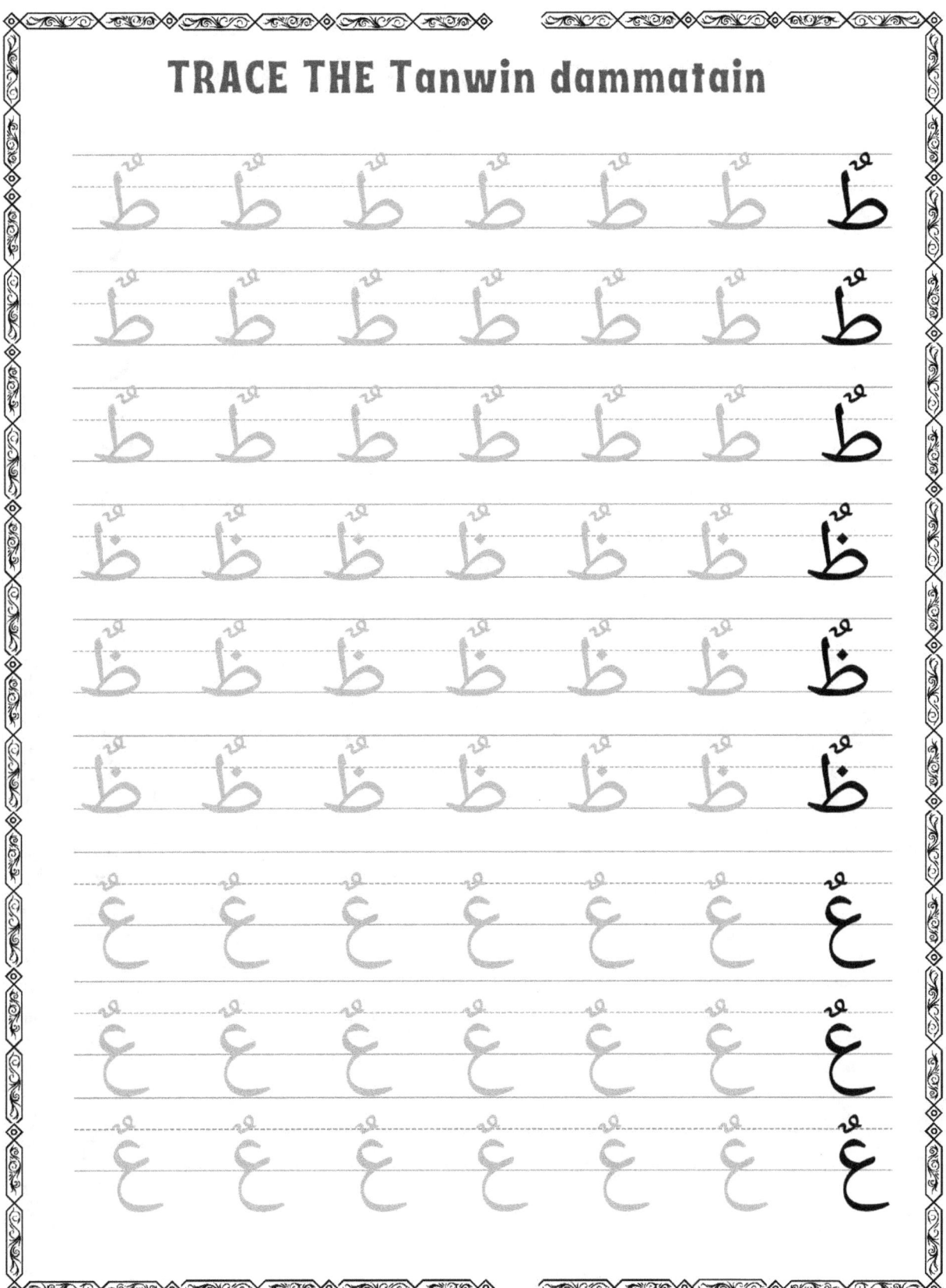

TRACE THE Tanwin dammatain

غٌ غٌ غٌ غٌ غٌ غٌ غٌ

غٌ غٌ غٌ غٌ غٌ غٌ غٌ

غٌ غٌ غٌ غٌ غٌ غٌ غٌ

فٌ فٌ فٌ فٌ فٌ فٌ فٌ

فٌ فٌ فٌ فٌ فٌ فٌ فٌ

فٌ فٌ فٌ فٌ فٌ فٌ فٌ

قٌ قٌ قٌ قٌ قٌ قٌ قٌ

قٌ قٌ قٌ قٌ قٌ قٌ قٌ

قٌ قٌ قٌ قٌ قٌ قٌ قٌ

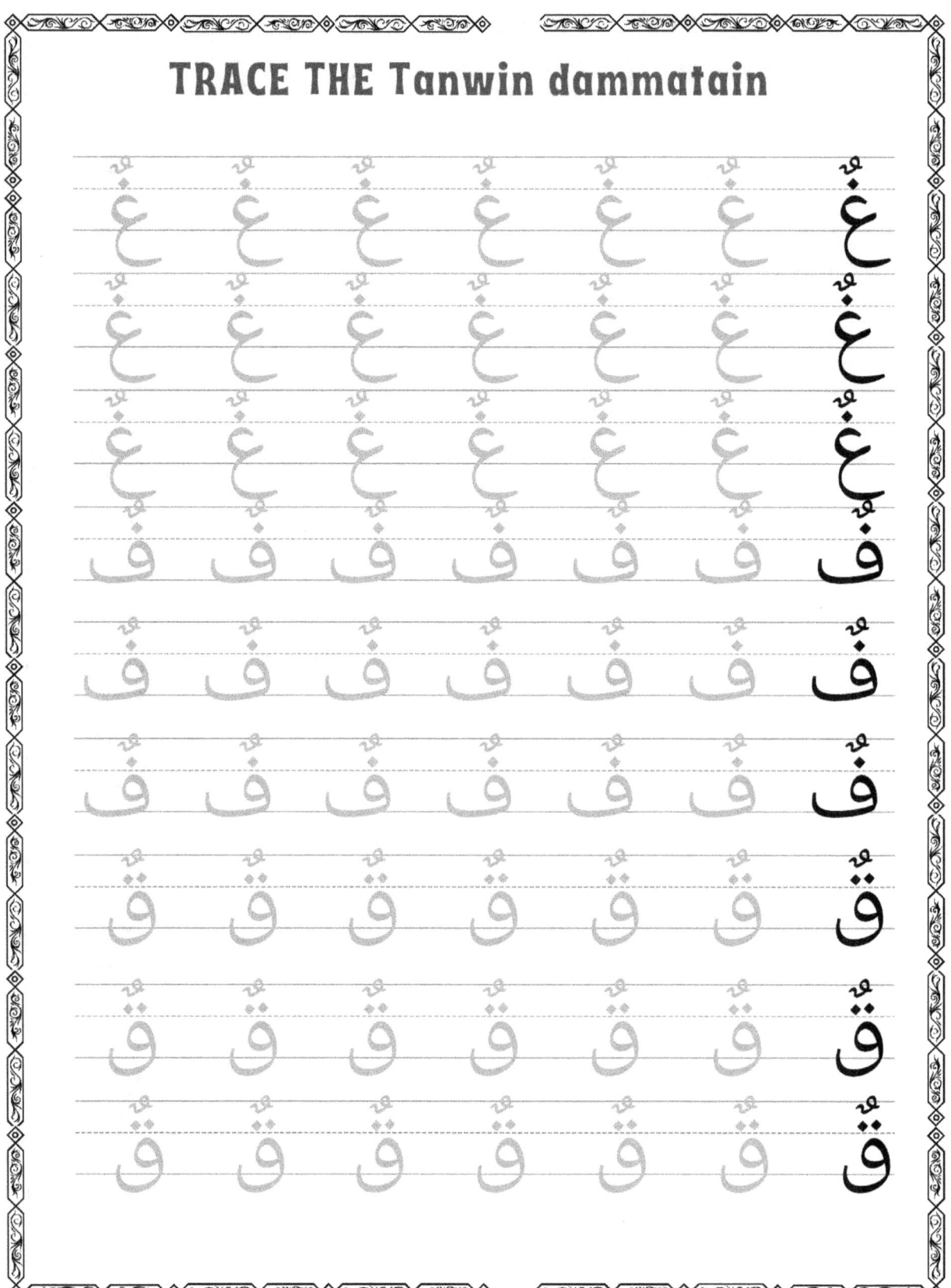

TRACE THE Tanwin dammatain

كٌ كٌ كٌ كٌ كٌ كٌ كٌ

كٌ كٌ كٌ كٌ كٌ كٌ كٌ

كٌ كٌ كٌ كٌ كٌ كٌ كٌ

لٌ لٌ لٌ لٌ لٌ لٌ لٌ

لٌ لٌ لٌ لٌ لٌ لٌ لٌ

لٌ لٌ لٌ لٌ لٌ لٌ لٌ

مٌ مٌ مٌ مٌ مٌ مٌ مٌ

مٌ مٌ مٌ مٌ مٌ مٌ مٌ

مٌ مٌ مٌ مٌ مٌ مٌ مٌ

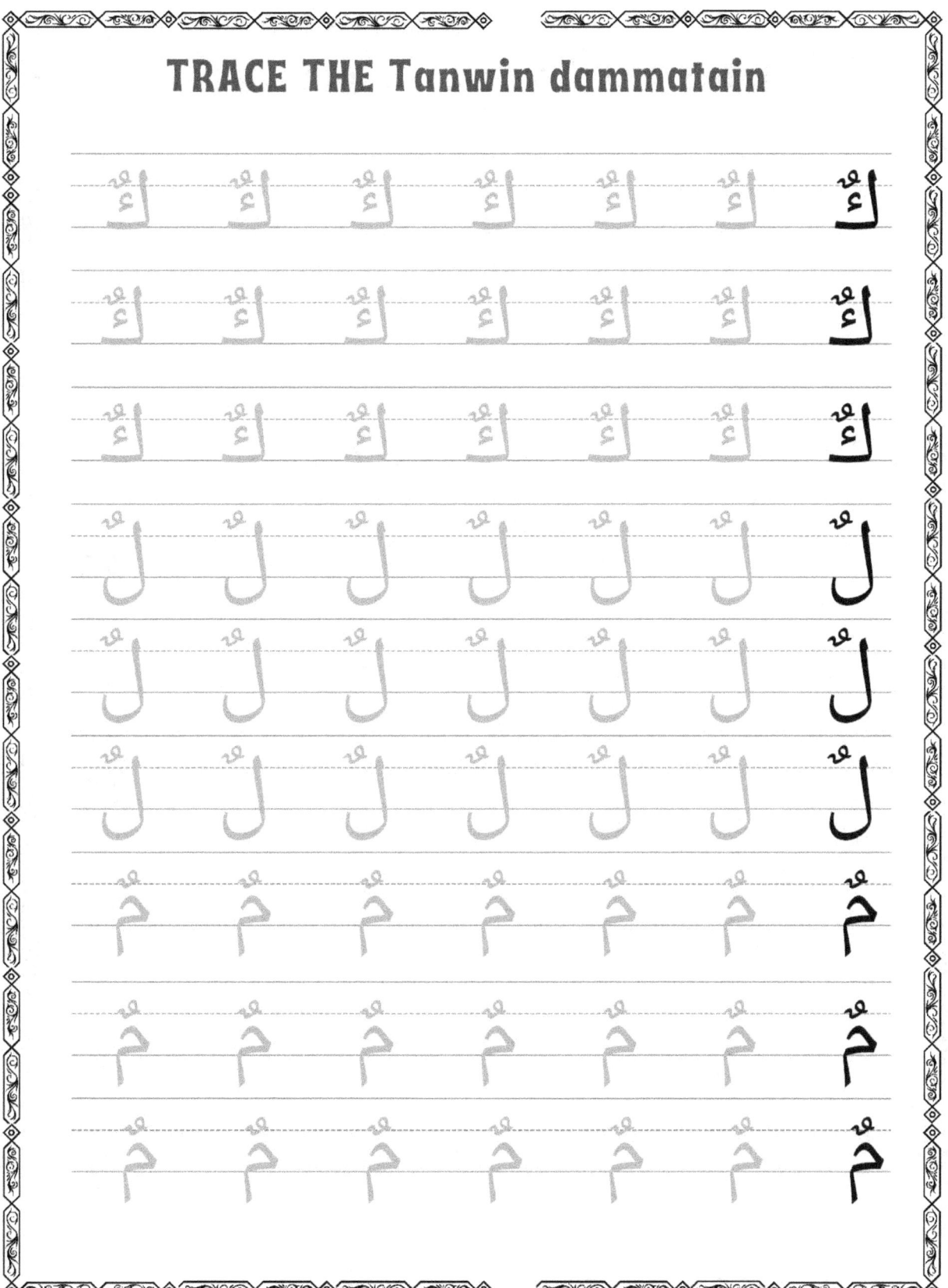

TRACE THE Tanwin dammatain

نٌ نٌ نٌ نٌ نٌ نٌ نٌ

نٌ نٌ نٌ نٌ نٌ نٌ نٌ

نٌ نٌ نٌ نٌ نٌ نٌ نٌ

هٌ هٌ هٌ هٌ هٌ هٌ هٌ

هٌ هٌ هٌ هٌ هٌ هٌ هٌ

هٌ هٌ هٌ هٌ هٌ هٌ هٌ

وٌ وٌ وٌ وٌ وٌ وٌ وٌ

وٌ وٌ وٌ وٌ وٌ وٌ وٌ

وٌ وٌ وٌ وٌ وٌ وٌ وٌ

TRACE THE Tanwin dammatain

يٌ يٌ يٌ يٌ يٌ يٌ يٌ

يٌ يٌ يٌ يٌ يٌ يٌ يٌ

يٌ يٌ يٌ يٌ يٌ يٌ يٌ

أٌ بٌ تٌ ثٌ جٌ حٌ خٌ

دٌ ذٌ رٌ زٌ سٌ شٌ صٌ

ضٌ طٌ ظٌ عٌ غٌ فٌ قٌ

كٌ لٌ مٌ نٌ هٌ وٌ يٌ

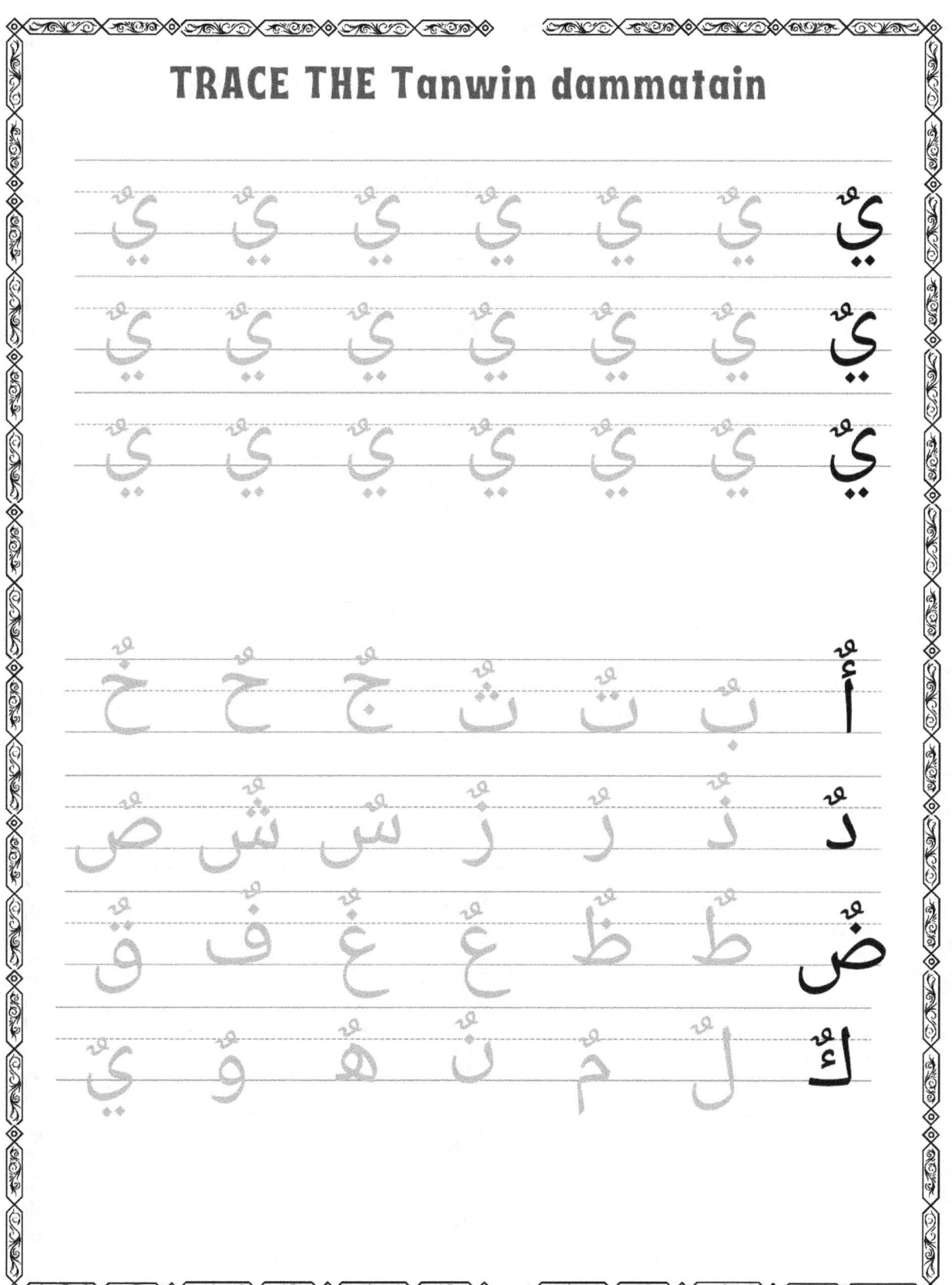

Match the letters to the sounds

أ	Kha
بـ	alif
تـ	Zay
ثـ	Ba
جـ	Sad
حـ	Ra
خـ	Sin
د	Jim
ذ	Ta
ر	Dal
ز	Shin
سـ	Ha
شـ	Dhal
صـ	Tha

Match the letters to the sounds

ض	Mim
ط	Kaf
ظ	Lam
ع	Ha
غ	Nun
ف	Ya
ق	Za
ك	Ghayn
ل	Ta
م	Qaf
ن	Waw
ه	Dad
و	Aayn
ي	Fa

Match the letters to the sounds

ـا	Kha
ـب	alif
ـت	Zay
ـث	Ba
ـج	Sad
ـح	Ra
ـخ	Sin
ـد	Jim
ـذ	Ta
ـر	Dal
ـز	Shin
ـس	Ha
ـش	Dhal
ـص	Tha

Match the letters to the sounds

ض	Mim
ط	Kaf
ظ	Lam
ع	Ha
غ	Nun
ف	Ya
ق	Za
ك	Ghayn
ل	Ta
م	Qaf
ن	Waw
ه	Dad
و	Aayn
ي	Fa

Match the letters to the sounds

ا	Kha
بـ	alif
تـ	Zay
ثـ	Ba
جـ	Sad
حـ	Ra
خـ	Sin
د	Jim
ذ	Ta
ر	Dal
ز	Shin
سـ	Ha
شـ	Dhal
صـ	Tha

Match the letters to the sounds

ض	Mim
ط	Kaf
ظ	Lam
ع	Ha
غ	Nun
ف	Ya
ق	Za
ك	Ghayn
ل	Ta
م	Qaf
ن	Waw
ه	Dad
و	Aayn
ي	Fa

Arabic letters positions

Final	Medial	Initial	Isolated
ا	-	-	ا
ب	ب	بـ	ب
ت	ـتـ	تـ	ت
ث	ـثـ	ثـ	ث
ج	ـجـ	جـ	ج
ح	ـحـ	حـ	ح
خ	ـخـ	خـ	خ

Arabic letters positions

Final	Medial	Initial	Isolated
ـد	-	-	د
ـذ	-	-	ذ
ـر	-	-	ر
ـز	-	-	ز
ـس	ـسـ	سـ	س
ـش	ـشـ	شـ	ش
ـص	ـصـ	صـ	ص

Arabic letters positions

Final	Medial	Initial	Isolated
ـض	ـضـ	ضـ	ض
ـط	ـطـ	طـ	ط
ـظ	ـظـ	ظـ	ظ
ـع	ـعـ	عـ	ع
ـغ	ـغـ	غـ	غ
ـف	ـفـ	فـ	ف
ـق	ـقـ	قـ	ق

Arabic letters positions

Final	Medial	Initial	Isolated
ـك	ـكـ	كـ	ك
ـل	ـلـ	لـ	ل
ـم	ـمـ	مـ	م
ـن	ـنـ	نـ	ن
ـه	ـهـ	هـ	ه
ـو	-	-	و
ـي	ـيـ	يـ	ي

Arabic letters that don't connect

(ا - د - ذ - ر - ز - و)

Final	Medial	Isolated
ـا	-	ا
ـد	-	د
ـذ	-	ذ
ـر	-	ر
ـز	-	ز
ـو	-	و

Test إختبار

أ ا ا ـا

أ ا ا ـا

ب ـبـ ـب ببب

ب ـبـ ـب ببب

ت ـتـ ـت تتت

ت ـتـ ـت تتت

Test إختبار

ث ـثـ ـث ثـثـث

ث ـثـ ـث ثـثـث

ج ـجـ ـج جـجـج

ج ـجـ ـج جـجـج

ح ـحـ ـح حـحـح

ح ـحـ ـح حـحـح

Test إختبار

خ ـخـ ـخ خـخـخ

خ ـخـ ـخ خـخـخ

د ـد

د ـد

ذ ـذ

ذ ـذ

Test إختبار

ز ـز

س ـسـ ـس سـسس

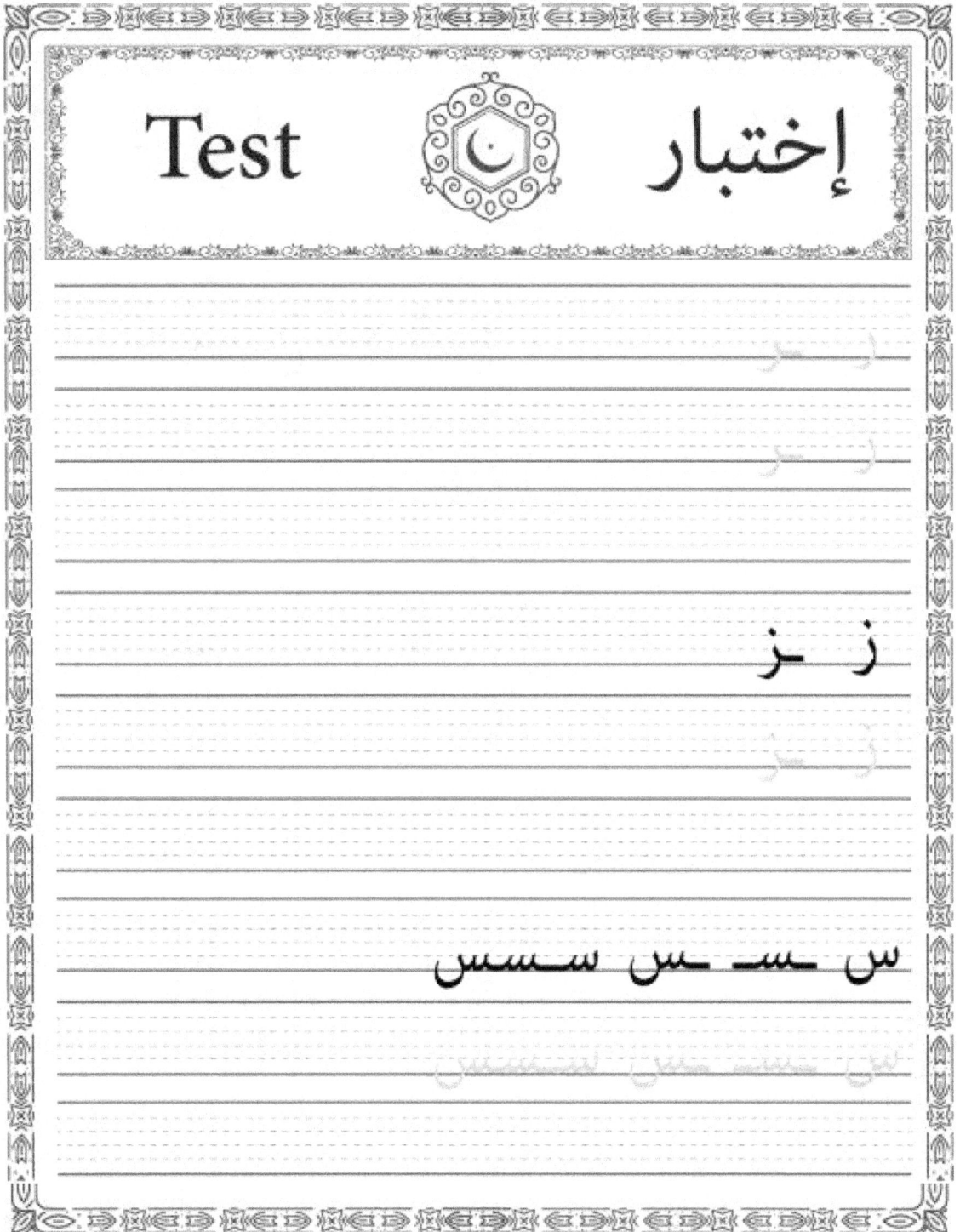

Test إختبار

ش ـشـ ـش ششش

ش ـشـ ـش ششش

ص ـصـ ـص صصص

ص ـصـ ـص صصص

ض ـضـ ـض ضضض

ض ـضـ ـض ضضض

Test إختبار

ط ـطـ ـط ططط

ظ ـظـ ـظ ظظظ

ع ـعـ ـع ععع

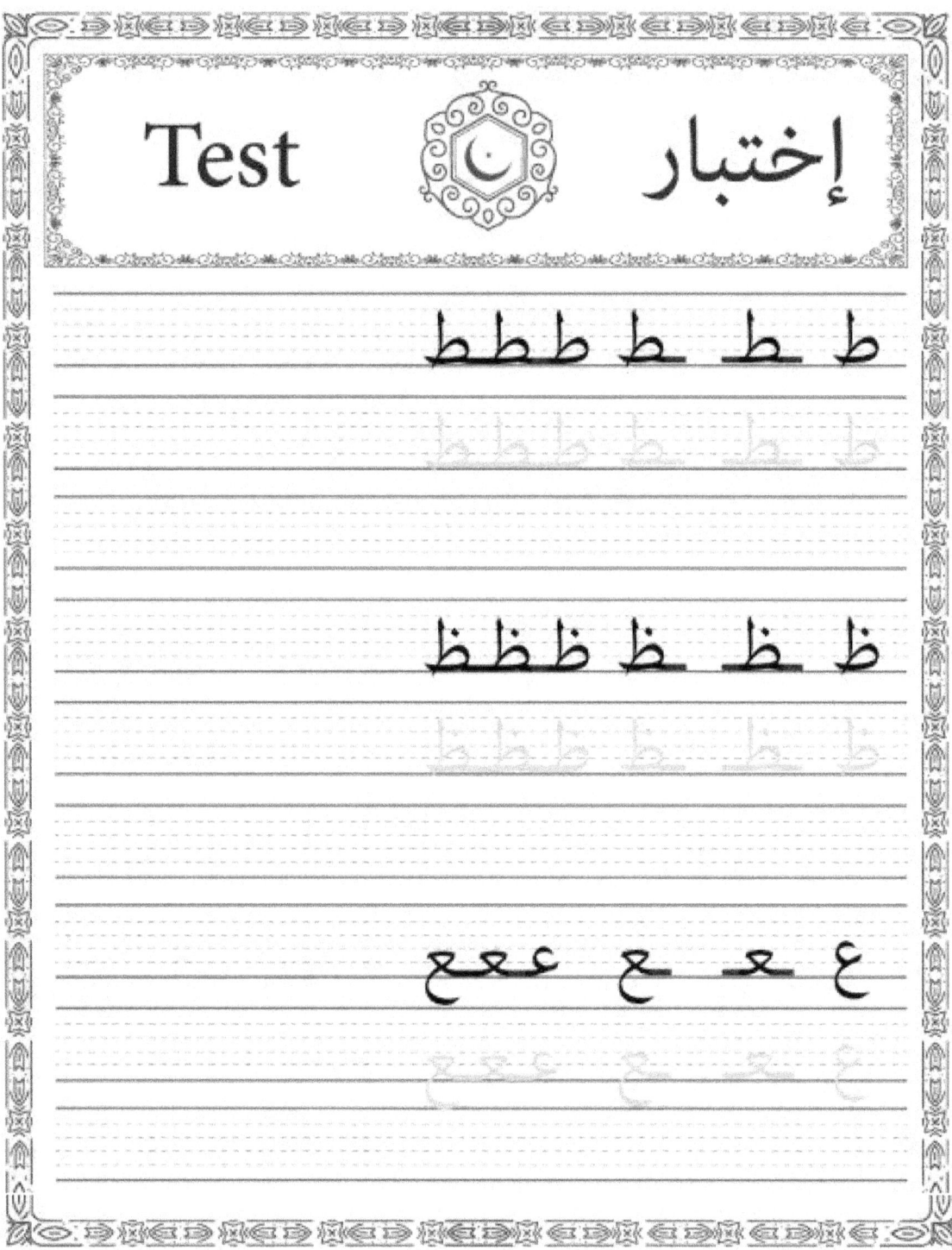

Test إختبار

غ ـغـ ـغ غـغـغ

غ ـغـ ـغ غـغـغ

ف ـفـ ـف فـفـف

ف ـفـ ـف فـفـف

ق ـقـ ـق قـقـق

ق ـقـ ـق قـقـق

Test إختبار

ك ـكـ ـك ككك

ك ـكـ ـك ككك

ل ـلـ ـل للل

ل ـلـ ـل للل

م ـمـ ـم ممم

م ـمـ ـم ممم

Test إختبار

ن ـن ـن نـنـن

ن ـن ـن نـنـن

ه ـهـ ـه هـهـه

ه ـهـ ـه هـهـه

و ـو

و ـو

Test إختبار

ي ـيـ ـي يـيي

ي ـيـ ـي يـيي

MIXED REVIEW

قُلْ هُوَ ٱللَّهُ أَحَدٌ – وَرَأَيْتَ – فَصَلِّ

أَعُوذُ – شَرِّ – خَلَقَ – وَمِن – ٱلنَّاسِ

ٱلَّذِى يُكَذِّبُ – ٱلَّذِينَ – وَءَامَنَهُم

وَٱلْعَصْرِ – وَعَمِلُوا ٱلصَّٰلِحَٰتِ

وَأَرْسَلَ – جَمَعَ – ٱلْقَارِعَةُ

كَٱلْفَرَاشِ ٱلْمَبْثُوثِ – وَمَآ أَدْرَىٰكَ

ABOUT THE AUTHORS

Aicha Sidika Fofana has studied *tajweed* for several years in Dallas, Texas. She is now enrolled in a Quran memorization program. Keep her in your *duas* so Allah ﷻ give her *tawfiq, aameen*.

Haoua Fofana has also studied *tajweed* for several years in Dallas, Texas. She has a one-year certification in Quranic Arabic. She is currently working on becoming an Alimiyyah. Keep her also in *duas* so Allah ﷻ give her *tawfiq, aameen*.

www.ingramcontent.com/pod-product-compliance
Lightning Source LLC
Chambersburg PA
CBHW080923180426
43192CB00040B/2673
* 9 7 8 1 9 4 7 1 4 8 7 1 0 *